Las tortugas no tienen apuro

de Allan Fowler

Versión en español de Aída E. Marcuse

Asesores:

Dr. Robert L. Hillerich, Universidad Estatal
de Bowling Green, Bowling Green, Ohio

Mary Nalbandian, Directora de Ciencias,
Escuelas Públicas de Chicago, Chicago, Illinois

Fay Robinson, Especialista en Desarrollo Infantil

 CHILDRENS PRESS®

CHICAGO

Diseñado por Beth Herman Design Associates

Catalogado en la Biblioteca del Congreso bajo:

Fowler, Allan
    Las tortugas no tienen apuro / de Allan Fowler.
        p. cm. −(Mis primeros libros de ciencia)
      Resumen: Una descripción sencilla de los hábitos y las principales
características físicas de las tortugas.
    ISBN 0-516-36005-1
    1. Tortugas–Literatura juvenil. [1. Tortugas.] I. Título.
  II. Series: Fowler, Allan. Mis primeros libros de ciencia.
QL666.C5F62 1992
597.92–dc20   92-7403
                                                      CIP
                                                      AC

¿Qué hay dentro de
este carapacho?

4

Una tortuga.

Como la mayoría de las
tortugas, ésta puede meter
la cabeza, las patas y la
cola dentro de su
carapacho.

Así es como se esconden las tortugas cuando están asustadas.

Pero la tortuga caja también puede cerrar completamente el espacio entre las dos partes de su carapacho, como una caja.

Una parte del carapacho de
la tortuga le cubre la espalda
y la otra le cubre la panza.

Casi todas las tortugas tienen
carapachos duros y huesudos.

Las tortugas son reptiles –
pertenecen a la misma
familia de animales que
las serpientes, los lagartos y
los caimanes.

No tienen dientes – pero sus
mandíbulas son muy fuertes.

¡No pondrías los dedos al
alcance de un mordisco de
la boca de esta tortuga!

11

Aunque ponen huevos, las tortugas no se sientan sobre ellos como hacen los pájaros.

En vez, los entierran en el suelo.

13

14

El sol calienta el suelo y también los huevos.

De ellos nacen las tortuguitas.

Hay tortugas que viven en
tierras secas.

Ésas son llamadas tortugas
de tierra.

Otras tortugas viven en
el agua.

Las tortugas marinas viven en el océano y tienen patas parecidas a aletas.

Las tortugas marinas se arrastran por la costa para ir a enterrar sus huevos.

La tortuga gigante es la más grande de todas. Algunas llegan a medir ocho pies de largo.

21

Hay tortugas que viven tanto
en tierra como en el agua –
como esta tortuga pintada.

Esas tortugas viven en o cerca de lagunas, arroyos o pantanos.

Las tortugas nadan muy bien.

Pero en la tierra la mayoría de
ellas se mueve muy despacio,
porque tienen cuerpos anchos
y patas cortas.

Las tortugas existen desde hace mucho tiempo.

Había tortugas aun antes de que hubiera dinosaurios.

28

Y algunas tortugas pueden vivir más tiempo que cualquier otro animal – hasta ciento cincuenta años.

Con razón las tortugas no tienen apuro. ¡A ellas les sobra el tiempo!

Palabras que conoces

tortugas

tortuga caja

tortuga pintada

tortuga de tierra

tortuga gigante de mar

reptiles

serpientes

caimanes

lagartos

carapachos

huevos

Índice

Acerca del autor:

Allan Fowler es un escritor independiente, graduado en publicidad. Nació en New York, vive en Chicago y le encanta viajar.

Fotografías:

Tom Stack & Associates – ©Jack D. Swenson, 21, 30 (abajo derecha)

Valan – ©Dennis W. Schmidt, Tapa, 22, 30 (arriba derecha); ©François Morneau, 3, 31 (abajo derecha); ©J. A. Wilkinson, 4, 6, 18; ©Jim Merli, 7, 9, 14, 30 (arriba izquierda), 31 (arriba izquierda y abajo izquierda); ©John Mitchell, 8; ©Aubrey Lang, 11; ©Wayne Lankinen, 13, 23; ©Jeff Foott, 16, 17, 30 (abajo izquierda); ©R. Berchin, 19; ©Robert C. Simpson, 24; ©Steven J. Krasemann, 25; ©Herman H. Giethoorn, 27; ©Joseph R. Pearce, 28; ©Fred Bruemmer, 31 (arriba derecha); ©Kennon Cooke, 31 (arriba centro)

TAPA: Tortuga pintada y libélula damisela